A ética da terra dos elfos

G. K. Chesterton

A ética da terra dos elfos

1ª edição

Tradução
Roberto Mallet

Copyright © 2025 Quadrante Editora

Capa
Karine Santos

Dados Internacionais de Catalogação na Publicação (CIP)

Chesterton, G. K., 1874–1936.

A ética da terra dos elfos / G. K. Chesterton; trad. Roberto Mallet — 1ª ed. — São Paulo: Quadrante, 2025.

ISBN: 978-85-7465-856-8

1. Cristianismo 2. Ensaios I. Autor

CDD-230/808.84

Índice para catálogo sistemático:
1. Cristianismo – 230
2. Ensaios – 808.84

Todos os direitos reservados a
QUADRANTE EDITORA
Rua Bernardo da Veiga, 47 - Tel.: 3873-2270
CEP 01252-020 - São Paulo - SP
www.quadrante.com.br / atendimento@quadrante.com.br

SUMÁRIO

7   A ética da terra dos elfos

111   APÊNDICE
          O sentido dos sonhos

A ÉTICA DA TERRA DOS ELFOS

Quando um homem de negócios repreende o idealismo de seu jovem estagiário, ele o faz, em geral, com um discurso semelhante a este: "Ah, sim, quando se é jovem, tem-se esses ideais abstratos, esses castelos no ar! Mas, com a idade, tudo se dissipa como nuvens, e a pessoa acaba aceitando a política prática, aprende a servir-se dos meios que tem e a se adaptar ao mundo como ele é". Ao menos era assim que uns velhos, respeitáveis e filantrópicos, agora honrados em suas sepulturas, costumavam falar-me quando eu era menino. Depois cresci, e descobri que aqueles velhos filantropos estavam mentindo. O que de fato aconteceu foi o exato oposto daquilo que diziam: prenunciavam que eu perderia meus ideais e começaria a crer nos métodos dos políticos práticos. Ora bem, não perdi nada de meus ideais; minha fé nos fundamentos é exatamente a mesma de sempre.

O que perdi foi a crença antiga e infantil na política prática. Continuo tão interessado quanto antes na Batalha do Armagedom; apenas já não me interesso tanto pelas eleições. Quando criança, eu saltava no colo de minha mãe ao mero som dessa expressão. Não; o ideal é sempre sólido e confiável. O ideal é sempre um fato. A realidade é que não costuma passar de uma fraude. Tanto quanto antes — mais que antes —, eu creio no liberalismo. Mas houve um tempo cor-de-rosa de inocência em que eu cria nos liberais.

Tomo este exemplo de uma de minhas fés duradouras porque, ao tentar hoje rastrear as raízes de minhas especulações pessoais, ela pode ser citada, quer parecer-me, como minha única inclinação positiva. Fui criado como liberal e sempre acreditei na democracia, na doutrina elementar do liberalismo, que postula uma humanidade autogovernada. Se alguém julga essa frase vaga ou desgastada, posso apenas deter-me um momento para esclarecer que o princípio da democracia, tal como o entendo, pode ser expresso em duas proposições. A primeira é esta: As coisas comuns a todos os homens são mais importantes do que as coisas particulares de cada um. As coisas ordinárias são mais valiosas do que as extraordinárias; ou melhor, são ainda mais extraordinárias. O Homem é algo mais tremendo do que os homens; algo mais estranho. O senso do milagre que é a própria humanidade deve ser sempre mais vívido para nós do que qualquer maravilhamento com o poder, o intelecto, a arte ou a civilização. O simples homem sobre duas pernas, enquanto tal, deveria ser sentido como algo mais dilacerante do que qualquer música, mais espantoso do que qualquer caricatura. A morte é mais trágica do que a morte por inanição. Ter um nariz é mais cômico do que ter um nariz normando.

Este é o primeiro princípio da democracia: que as coisas essenciais nos homens são as que eles têm em comum, não as que têm em separado. O segundo princípio é, simplesmente, que o instinto ou desejo político é uma dessas coisas que possuímos em comum.

Apaixonar-se é mais poético do que fazer poesia. A tese democrática sustenta que governar (ajudar a conduzir a tribo) é análogo a apaixonar-se, e não a fazer poesia. Não é algo semelhante a tocar órgão na igreja, pintar sobre uma tela, descobrir o Polo Norte (esse hábito insidioso!), dar piruetas no ar, ser Astrônomo Real e assim por diante. Pois essas coisas não queremos que um homem faça, a menos que as faça bem. Governar, ao contrário, é algo análogo a escrever as próprias cartas de amor ou a assoar o próprio nariz.

São coisas que queremos que um homem faça por si mesmo, ainda que as faça mal. Não estou aqui argumentando pela verdade dessas concepções; sei que há modernos que desejam que suas esposas sejam escolhidas por cientistas, e talvez em breve queiram, pelo que sei, que as enfermeiras assoem seus narizes. Digo apenas que a humanidade reconhece essas funções humanas universais, e que a democracia as inclui na esfera do governo. Em suma, a fé democrática é esta: que as coisas mais terrivelmente importantes devem ser deixadas aos homens comuns — a união dos sexos, a criação dos filhos, as leis do Estado. Isto é democracia, e nisto sempre acreditei.

Mas há algo que, desde minha juventude, jamais fui capaz de entender. Jamais entendi de onde veio a ideia de que a democracia se opõe, de algum modo, à tradição. É evidente que a tradição nada mais é do que a democracia estendida no decorrer do tempo. Trata-se de confiar no consenso das vozes humanas comuns, em vez de recorrer a um registro isolado e arbitrário. O homem que cita um historiador alemão contra a tradição da Igreja Católica, por exemplo, está, a rigor, recorrendo à aristocracia. Está apelando para a superioridade de um especialista contra a temível autoridade de uma multidão. É fácil perceber por que uma lenda é tratada — e deve sê-lo — com mais respeito do que um livro de história. A lenda, em geral, é formada pela maioria dos habitantes de uma aldeia, que são sensatos. O livro de história geralmente é escrito pelo único louco da aldeia. Aqueles que argumentam contra a tradição sob o pretexto de que os homens do passado eram ignorantes podem levar esse argumento ao Carlton Club, junto com a alegação de que os eleitores dos bairros miseráveis são ignorantes. Para nós, no entanto, isso não serve. Se damos grande importância à opinião dos homens comuns quando lidamos com os assuntos cotidianos, não há razão para desprezá-la ao lidarmos com a história ou a fábula. A tradição pode ser definida como uma ampliação do direito ao voto. A tradição significa conceder votos à mais obscura de todas as classes:

nossos ancestrais. É a democracia dos mortos. A tradição se recusa a submeter-se à pequena e arrogante oligarquia dos que ainda estão perambulando por aí. Todo democrata se opõe a que um homem seja desqualificado pelo acaso de seu nascimento; a tradição se opõe a que ele seja desqualificado pelo acaso de sua morte. A democracia nos diz para não desprezarmos a opinião de um homem digno, ainda que ele seja nosso cocheiro; a tradição nos pede que não desprezemos a opinião de um homem digno, ainda que ele seja nosso pai. Eu, pelo menos, não consigo separar as ideias de democracia e tradição; parece-me evidente que são uma e a mesma ideia. Teremos os mortos em nossos conselhos. Os gregos antigos votavam com pedras; esses, votarão com lápides. Tudo é bastante regular e oficial, pois a maioria das lápides, assim como a maioria das cédulas eleitorais, trazem uma cruz.

Devo dizer, pois, que, se tive um viés, sempre foi um viés a favor da democracia, e, consequentemente, da tradição. Antes de chegarmos a quaisquer princípios teóricos ou lógicos, estou disposto a reconhecer esta equação pessoal: sempre estive mais inclinado a acreditar na massa dos homens trabalhadores do que a crer nessa classe literária tão especial e incômoda à qual pertenço. Prefiro as fantasias e os preconceitos daqueles que veem a vida por dentro às demonstrações mais claras daqueles que a veem por fora. Confiaria sempre mais nas fábulas das velhas senhoras do que nos fatos dessas mesmas velhas. Se o espírito é genuíno, pode ser tão extravagante quanto quiser.

Agora, tenho de condensar uma posição geral, e não finjo ter qualquer preparo para isso. Proponho fazê-lo, então, registrando, uma após outra, as três ou quatro ideias fundamentais que descobri por mim mesmo, mais ou menos da maneira como as encontrei. Em seguida, tentarei sintetizá-las grosseiramente, resumindo minha filosofia pessoal ou religião natural; e então descreverei a surpreendente descoberta de que tudo isso já fora descoberto antes — pelo cristianismo. Contudo, entre essas convicções profundas que preciso relatar ordenadamente, a primeira dizia respeito a este elemento da tradição popular. E, sem a precedente explicação sobre tradição e democracia, eu mal poderia expressar minha experiência interior. Não sei se conseguirei expressá-la claramente, mas vou tentar.

A minha primeira e última filosofia, na qual creio com uma certeza inquebrantável, eu a aprendi no maternal. E a aprendi quase toda de uma babá, quer dizer, da grave e luminosa sacerdotisa, tanto da democracia quanto da tradição. As coisas em que eu mais acreditava então, as coisas em que mais acredito agora, são aquelas denominadas "contos de fadas". Estes me parecem as mais racionais de todas as coisas. Não são fantasias: comparadas com eles, as outras coisas é que são fantásticas. Comparados com eles, a religião e o racionalismo são ambos anormais, embora a religião seja anormalmente certa, e o racionalismo, anormalmente errado. A terra dos elfos não é outra coisa senão o ensolarado país do senso comum. Não é a Terra que julga o Céu, mas o

Céu que julga a Terra; portanto, para mim ao menos, não era a Terra que criticava a terra dos elfos, mas a terra dos elfos que criticava a Terra. Conheci o pé de feijões mágicos antes de ter provado feijão; acreditei no Homem da Lua antes de ter certeza sobre a existência da própria Lua. E isso estava de acordo com toda a tradição popular. Os poetas menores modernos são naturalistas, e falam de bosques ou de riachos; mas os cantores dos velhos poemas épicos e das fábulas eram supranaturalistas, e falavam dos deuses dos bosques e dos riachos. Isto é o que os modernos querem dizer quando afirmam que os antigos não "apreciavam a natureza", já que diziam que a natureza era divina. As velhas amas não falavam às crianças sobre a relva, mas sobre as fadas que dançam na relva; e os velhos gregos não conseguiam ver as árvores porque as dríades as encobriam.

Mas o que me interessa aqui é que tipo de ética e de filosofia podem brotar no solo dos contos de fadas. Se eu os pretendesse descrever detalhadamente, poderia mostrar os muitos e nobres princípios que deles resultam. Há a cavalheiresca lição de *Jack, o Matador de Gigantes*: os gigantes devem ser mortos porque são gigantescos. É uma enérgica revolta contra o orgulho enquanto tal. Pois os rebeldes são mais velhos que todos os reinos, e o jacobino tem mais tradição que o jacobita.[1] Temos a lição de *Cinderela*, que é a mesma

---

1 Jacobino é o revolucionário membro de uma associação fundada em Paris em 1788. Jacobita é o partidário da restauração dos Stuarts na Inglaterra, que se opunham à Casa de Hanôver.

do *Magnificat: exaltavit humiles.*[2] Há a grande lição de *A Bela e a Fera*: uma coisa deve ser amada *antes* de ser amável. Há a terrível alegoria de *A Bela Adormecida*, que mostra como a criatura humana foi abençoada com todas as dádivas ao nascer, embora amaldiçoada com a morte, e como a morte também pode ser, talvez, suavizada pelo sono. Mas não estou interessado em nenhum estatuto específico da terra dos elfos, e sim no espírito mesmo da sua lei, que aprendi

---

2 "Exaltou os humildes" (Lc 1, 52).

antes de saber falar, e que hei de ter ainda comigo quando não mais puder escrever. Estou interessado numa certa maneira de olhar para a vida, que me foi insuflada pelos contos de fadas, e que desde então tem sido gentilmente ratificada pelos meros fatos.

Ela pode ser formulada assim: há certas sequências ou desenvolvimentos (casos em que uma coisa segue-se a outra) que são, no sentido pleno da palavra, razoáveis. São, no sentido pleno da palavra, necessários. Tais como as sequências matemáticas e lógicas. Nós, na terra das fadas (que são as mais razoáveis de todas as criaturas), admitimos essa razão e essa necessidade. Por exemplo, se as Irmãs Feiosas são mais velhas que Cinderela, é *necessário* (num sentido férreo e tremendo) que Cinderela seja mais nova do que as Irmãs Feiosas. Não se pode fugir disso. Haeckel[3] pode enxergar quanto

---

3   Ernst H. Haeckel (1834-1919), biólogo evolucionista que sugeriu que a ontogenia recapitula a fologenia (isto é, que o desenvolvimento individual de um organismo passa por estágios que lembram ou repetem a história evolutiva da espécie).

fatalismo quiser neste fato: ele tem que ser assim. Se João é filho de um moleiro, o moleiro é o pai de João. A fria razão assim o decreta do alto do seu trono grandioso: e nós, na terra dos elfos, aceitamos. Se os três irmãos estão todos a cavalo, haverá seis animais e dezoito pernas na jogada: este é o verdadeiro racionalismo, e a terra dos elfos está cheia dele. Mas quando pus a cabeça para fora da terra dos elfos e comecei a entrar em contato com o mundo natural, observei algo extraordinário. Observei que os homens cultos falavam, de trás de seus óculos, das coisas reais que aconteciam — a aurora e a morte, e assim por diante — como se *elas* fossem racionais e inevitáveis. Falavam como se o fato de as árvores frutificarem fosse tão *necessário* quanto o fato de que duas árvores mais uma somam três. Mas não é. Há uma enorme diferença, segundo o teste da terra dos elfos — que é o teste da imaginação. Não se pode *imaginar* que dois mais um não sejam três. Mas pode-se imaginar facilmente árvores que não produzem frutos; pode-se imaginá-las produzindo castiçais dourados ou tigres pendurados pela cauda. Esses homens detrás de seus óculos falavam muito de um homem chamado Newton, que fora atingido por uma maçã e descobrira uma lei. Mas não conseguiam ver a diferença entre uma verdadeira lei, a lei da razão, e o simples fato de as maçãs caírem. Se a maçã bateu no nariz de Newton, o nariz de Newton bateu na maçã. Esta é uma verdadeira necessidade, pois não podemos conceber que uma coisa ocorra sem a outra. Mas podemos, sim, conceber que a maçã não caiu em seu nariz; podemos imaginá-la voando alegremente pelo ar para bater nalgum outro nariz, pelo qual nutrisse maior antipatia. Temos sempre presentes em nossos contos de fadas essa aguda distinção entre a ciência das relações mentais, onde realmente existem leis, e a ciência dos fatos físicos, onde não há leis, apenas misteriosas repetições. Acreditamos em milagres materiais, mas não em impossibilidades mentais. Acreditamos que um pé de feijão pode crescer até o Céu; mas isto de maneira alguma perturba as nossas convicções sobre a questão filosófica de definir quantos grãos há em meia dúzia.

Eis aí a peculiar perfeição do tom e a verdade das histórias das babás. O homem de ciência diz: "Corta o galho, e a maçã cairá"; mas ele o diz calmamente, como se uma ideia realmente levasse à outra. A bruxa no conto de fadas diz: "Toca a trombeta, e o castelo do ogro cairá"; mas não o diz como se houvesse nisso um efeito óbvio que se seguisse a uma causa. Não há dúvida de que ela já havia dado o mesmo conselho a muitos heróis, e vira muitos castelos caírem, mas nem por isso perdeu a admiração ou a razão. Não confundiu sua cabeça a ponto de imaginar uma conexão mental necessária entre uma trombeta e a queda de uma torre. Mas os homens científicos confundem suas cabeças a ponto de imaginar uma necessária conexão mental entre uma maçã que cai da árvore e uma maçã que chega ao chão. Falam como se tivessem encontrado não apenas uma sequência de fatos maravilhosos, mas uma verdadeira conexão entre esses fatos.

Falam como se a conexão entre duas coisas fisicamente estranhas também as unisse filosoficamente. Creem que, pelo fato de uma coisa incompreensível seguir-se constantemente a outra coisa incompreensível, de alguma forma as duas juntas perfazem uma coisa compreensível. Duas charadas obscuras resultam numa resposta bem clara.

Na terra dos elfos evitamos a palavra "lei", mas na terra da ciência gostam muito dela. Assim, uma interessante conjectura sobre a maneira como certos povos já esquecidos teriam pronunciado o alfabeto passa a chamar-se "Lei de Grimm". Mas a Lei de Grimm é muito menos intelectual do que os contos de fadas dos Grimm. Os contos, em todo caso, são sempre contos, ao passo que a lei não é uma lei. Uma lei implica que conhecemos a natureza da generalização e da promulgação, e não simplesmente que observamos alguns dos seus efeitos. Se há uma lei segundo a qual os batedores de carteira devem ir para a prisão, tal lei implica que há uma conexão mental concebível entre a ideia de prisão e a ideia de batedor de carteira. E nós sabemos que ideia é essa. Podemos dizer que tiramos a liberdade de um homem que toma certas liberdades. Mas não podemos dizer por que um ovo se torna um frango, assim como não podemos dizer por que um urso se transforma num príncipe encantado. Como *ideias*, o ovo e o frango estão mais longe um do outro do que o urso e o príncipe; nenhum ovo por si mesmo nos faz pensar num frango, ao passo que alguns príncipes nos fazem pensar em ursos. Dado, pois, que algumas transformações acontecem, é essencial que as vejamos segundo a maneira filosófica dos contos de fadas, e não segundo a maneira antifilosófica da ciência e das "leis da natureza". Quando nos perguntam por que os ovos se transformam em pássaros ou por que os frutos caem no outono, devemos responder exatamente como a fada-madrinha responderia se Cinderela perguntasse por que é que os ratos se transformaram em cavalos ou os seus vestidos sumiriam à meia-noite. Devemos responder que é por *mágica*. Não é uma "lei", porque não compreendemos a sua fórmula geral. Não é uma necessidade, porque, embora possamos esperar que de fato aconteça, não temos o direito de afirmar que deva acontecer sempre. Não é argumento suficiente para estabelecer uma lei inalterável (como fantasiou Huxley[4]) o fato de contarmos com o curso ordinário das coisas. Nós não contamos com ele; apostamos nele. Arriscamos que não

---

[4] Thomas H. Huxley (1825–1895), biólogo inglês defensor de Charles Darwin. Cunhou a palavra "agnóstico".

haverá a possibilidade remota de um milagre, como arriscamos que não haverá a possibilidade de um bolo envenenado ou de um cometa que destrua o mundo. Deixamos isso fora de nossas cogitações, não porque um milagre seja uma impossibilidade, mas porque um milagre é uma exceção. Todos os termos usados nos livros de ciência — "lei", "necessidade", "ordem", "tendência" e outros semelhantes — são de fato não-intelectuais, porque pressupõem uma síntese interior que não possuímos. As únicas palavras que ainda me satisfazem ao descrever a natureza são os termos usados nos livros de fadas: "mágica", "feitiço", "encantamento". Elas expressam a arbitrariedade do fato e o seu mistério. Uma árvore dá fruto porque é uma árvore *mágica*. A água desce colina abaixo porque está enfeitiçada. O sol brilha porque é encantado.

E nego firmemente que isso seja fantástico ou mesmo místico. A linguagem dos contos de fadas é simplesmente racional e agnóstica. Esta é a única maneira pela qual posso expressar em palavras a minha percepção clara e definitiva de que uma coisa é bastante distinta de outra; de que não há qualquer conexão lógica entre voar e pôr ovos. O homem que fala de uma "lei" que nunca viu é que é o místico. Aliás, o homem científico em geral é estritamente um sentimental. É um sentimental no sentido essencial, de que está empapado de meras associações e é arrastado por elas. Viu tantas vezes as aves voando e botando ovos que acabou crendo existir uma vaga e tênue conexão entre as duas ideias; mas não há nenhuma. Um amante rejeitado pode ser incapaz de dissociar a Lua de seu amor perdido; também o materialista é incapaz de dissociar a Lua das marés. Nos dois casos não há conexão alguma, a não ser o fato de que as duas coisas foram vistas juntas. Um sentimental poderá derramar lágrimas ao sentir o perfume de uma flor de macieira, porque, por uma secreta associação interior, o perfume lhe traz à memória a sua infância. E o professor materialista (embora esconda as lágrimas) é também um sentimental, porque, por uma secreta associação interior, a flor de macieira lhe traz à memória as maçãs. Mas o frio racionalista da terra dos elfos não vê por que, teoricamente, a macieira não pudesse produzir tulipas vermelhas; isto às vezes acontece no seu país.

Esse espanto elementar, porém, não é mera fantasia derivada dos contos de fadas; ao contrário, todo o fascínio dos contos de fadas é que provém dele. Assim como todos nós gostamos das histórias de amor porque há ali um instinto de sexo, gostamos dos contos fantásticos porque nos tocam o nervo do velho instinto da admiração. E isso se prova pelo fato de que, quando ainda somos criancinhas bem pequenas, não precisamos de contos de fadas: precisamos de contos apenas. A vida é por si mesma mais que suficiente. Uma criança de sete anos ficará intrigada se lhe disserem que Tomás abriu a porta e viu um dragão. Mas uma criança de três anos ficará intrigada se lhe disserem que Tomás abriu a porta. Os meninos gostam de histórias românticas; mas os bebês gostam de histórias realistas — pois acham-nas românticas. Com efeito, uma criancinha é quase o único tipo de gente, penso eu, a quem se poderá ler uma das modernas novelas realistas sem entediá-la. Isso prova que até mesmo os contos de fadas não fazem mais que reavivar em nós um impulso de interesse e espanto quase pré-natal. Esses contos nos dizem que as maçãs são douradas somente para recordar aquele momento esquecido em que descobrimos que elas eram verdes. Fazem vinho correr pelos rios somente para nos fazer lembrar, por um luminoso instante, que estão cheios de água. Afirmei que isso é completamente razoável e até agnóstico. E, de fato, neste ponto sou adepto do mais alto agnosticismo — o seu melhor nome é Ignorância. Todos nós já lemos nos livros científicos e, com certeza, em todos os romances, a história do homem que esqueceu o próprio nome. Esse homem passeia pelas ruas e pode ver e apreciar todas as coisas; só não consegue lembrar-se de quem ele é. Pois bem: todo homem é o homem dessa história. Todo homem esqueceu quem é. Pode-se compreender o cosmos, mas nunca o ego; o eu está mais distante do que qualquer estrela. Amarás o Senhor teu Deus; mas não conhecerás a ti mesmo. Vivemos todos sob a mesma calamidade mental; nós todos esquecemos nossos nomes. Nós todos esquecemos o que realmente somos. Tudo aquilo que chamamos senso comum e racionalidade, e praticabilidade e positivismo, significa apenas que em algumas zonas adormecidas de nossa vida já nos esquecemos de que nos esquecemos. Tudo aquilo que chamamos espírito, e arte, e êxtase significa apenas que, por um formidável instante, lembramos de que nos esquecemos.

Mas, embora passeemos pelas ruas (como o homem sem memória) com uma espécie de abobalhada admiração, ainda há admiração. É uma admiração em inglês, não apenas uma admiração em latim.[5] A admiração tem

---

5 *Wonder*, em inglês, significa primariamente "prodígio, milagre", e em seguida a admiração que esse milagre produz.

um elemento positivo de louvor. Mas aqui estou eu tentando descrever certas emoções grandiosas que não podem ser descritas. A mais forte emoção era a de que a vida era tão preciosa quanto enigmática. Era um êxtase, porque era uma aventura; era uma aventura, porque era uma oportunidade. A maravilha dos contos de fadas não era afetada pelo fato de poder haver mais dragões do que princesas; era bom estar num conto de fadas. O teste de toda felicidade é a gratidão; e eu me sinto grato, embora tenha certa dificuldade de saber a quem. As crianças sentem-se gratas quando o Papai Noel lhes enche as meias de brinquedos ou doces. Acaso posso deixar de me sentir grato ao Papai Noel quando ele me põe nas meias o presente de duas pernas miraculosas? Agradecemos às pessoas que nos dão presentes de aniversário; charutos ou pantufas. Não posso agradecer a alguém o presente de ter nascido?

Havia, então, esses dois sentimentos primeiros, ambos indefensáveis e indiscutíveis. O mundo era um espanto, mas não era meramente espantoso; a existência era uma surpresa, mas uma agradável surpresa. De fato, todas as minhas opiniões primeiras eram expressas na forma de um enigma que me martelava o cérebro desde a infância. A pergunta era: "O que disse o primeiro sapo?". E a resposta: "Senhor, como me fizeste saltar!". Isto resume em poucas palavras tudo o que quero dizer. Deus fez o sapo pular, e o sapo gosta de pular. Mas, uma vez que essas coisas estão postas, entra em cena o segundo grande princípio da filosofia dos elfos.

Qualquer um pode conhecer esse princípio; basta abrir e ler os *Contos de Grimm*, ou as belas coletâneas de Andrew Lang. Pelo prazer do pedantismo, eu o chamarei de Doutrina da Alegria Condicional. Touchstone[6] falou da muita virtude que há num "se"; de acordo com a ética da terra dos elfos, toda virtude está num "se". A característica da linguagem das fadas é sempre esta: "Tu poderás viver num palácio de ouro e safiras, se

---

6 Personagem da peça *As you like it*, de Shakespeare. Trata-se de um bobo da corte.

não pronunciares a palavra *vaca*". Ou: "Poderás viver feliz com a filha do rei, se não lhe mostrares uma cebola". A promessa está sempre subordinada a uma proibição. Todas as coisas incríveis e colossais concedidas dependem de uma pequena coisa recusada. Todas as coisas fantásticas e assombrosas que nos são ofertadas dependem de uma coisa que nos é vetada. O senhor W. B. Yeats,[7] em seu estranho e envolvente poema

---

7 William B. Yeats (1865–1939), dramaturgo e poeta irlandês, prêmio Nobel de Literatura de 1923.

élfico, descreve-os como criaturas sem lei; eles mergulham em uma inocente anarquia em seus desenfreados cavalos alados:

> *Ride on the crest of the*
> *dishevelled tide,*
> *And dance upon the mountains*
> *like a flame.*[8]

Cavalgam sobre a crista das
ondas desgrenhadas
E dançam sobre as montanhas
como uma chama.

---

8 A citação rigorosa de *The Land of Heart's Desire* seria "Run on the top of the dishevelled tide,/ And dance upon the mountains like a flame!".

É desagradável dizer que o senhor W. B. Yeats não compreende a terra dos elfos. Mas devo dizê-lo. Ele é um irlandês irônico, cheio de reações intelectuais. Não é estúpido o bastante para compreender o país das fadas. As fadas preferem os de tipo rústico como eu; os que ficam embasbacados, gargalham e fazem o que lhes mandam. O senhor Yeats lê na terra dos elfos toda a justa insurreição de sua própria raça. Mas a desordem da Irlanda é uma desordem cristã, fundada na razão e na justiça. O feniano[9] levanta-se contra alguma coisa que compreende muitíssimo bem; mas o verdadeiro cidadão da terra dos elfos obedece a alguma coisa que não compreende de maneira alguma. Num conto de fadas há uma felicidade incompreensível que depende de uma incompreensível condição. Uma caixa é aberta, e todos os males saem voando. Uma palavra é esquecida, e cidades desaparecem. Uma lâmpada é acesa, e o

---

9 Membro de uma associação revolucionária irlandesa, fundada em 1861, para libertar a Irlanda do domínio inglês.

amor voa para longe. Uma flor é arrancada, e vidas humanas perecem. Uma maçã é comida, e esvai-se a esperança em Deus.

Esse é o tom dos contos de fadas, e certamente não há nisso nenhuma anarquia nem permissividade, embora os homens, acorrentados à vil tirania moderna, possam pensar que sim, por comparação. Quem sai da penitenciária de Portland pode julgar que a Fleet Street é livre;[10] mas

---

10 Rua de Londres situada no bairro do jornalismo, lembrada por suas tabernas antigas.

um estudo mais acurado provará que tanto as fadas quanto os jornalistas são escravos do dever. As fadas-madrinhas parecem tão severas quanto as demais madrinhas. Cinderela recebeu uma carruagem vinda do País das Maravilhas, e um cocheiro vindo de lugar nenhum, mas também recebeu uma ordem — que poderia ter vindo de Brixton[11] — de que deveria voltar à meia-noite. Ela também tinha um sapatinho de cristal; e não pode

---

11 Um distrito de Londres.

ser coincidência que o cristal seja uma substância tão comum no folclore. Uma princesa vive num castelo de cristal; outra, numa montanha de cristal; outra ainda vê todas as coisas num espelho; todas elas podem viver em casas de cristal, desde que não atirem pedras. Esse leve resplendor do cristal por toda parte é a expressão de que a felicidade é radiante, mas frágil, como essa substância tão facilmente estraçalhada por uma criada ou por um gato. E esse sentimento característico dos contos de fadas calou fundo em mim, e tornou-se o meu sentimento em relação ao mundo. Eu sentia e sinto que a própria vida é brilhante como o diamante, frágil como uma vidraça, e quando se comparava o céu a uma enorme esfera de cristal, recordo o meu sobressalto. Eu tinha medo de que Deus derrubasse o cosmos com um estrondo.

Lembremo-nos, contudo, de que ser frágil não é o mesmo que ser perecível. Golpeie um vidro, e ele não durará um instante; jamais o toques, e ele durará mil anos. Assim me parecia ser a alegria humana, tanto na terra dos elfos quanto na Terra; a felicidade dependia de *não fazer alguma coisa* que em qualquer momento poderia ser feita e, muitas vezes, não era óbvio por que ela não deveria ser feita. Bem, o ponto aqui é que, *para mim*, isso não soava injusto. Se o terceiro filho do moleiro dissesse à fada: "Explica-me por que não posso ficar de cabeça para baixo no palácio encantado", ela poderia muito bem responder: "Ora, se é assim, explica-me tu o palácio encantado". Se Cinderela diz: "Como se justifica que eu tenha de sair do baile à meia-noite?", sua madrinha poderá responder: "Como se justifica que possas estar lá até a meia-noite?". Se deixo a um homem em testamento dez elefantes falantes e cem cavalos alados, ele não poderá queixar-se caso as condições participem da delicada excentricidade do presente. De cavalo alado não se olha os dentes. E parecia-me que a existência era em si mesma um legado excêntrico demais para que eu me queixasse de não compreender os limites da visão, quando afinal de contas não compreendia a visão mesma que eles limitavam. A moldura não era menos estranha do que o próprio quadro. A proibição podia ser tão fantástica quanto a visão; podia ser tão surpreendente quanto o Sol, tão esquivo quanto as águas, tão fantástico e terrível quanto as árvores mais altas.

Por essa razão (podemos chamá-la de "filosofia da fada-madrinha") nunca pude partilhar com os jovens do meu tempo aquilo que denominavam de sentimento geral de *revolta*. Eu teria resistido, imagino, a toda norma que fosse vil. Mas nunca me senti inclinado a resistir a uma norma simplesmente por ela ser misteriosa. Territórios são conquistados dos modos mais insensatos — a quebra de um bastão ou o pagamento de um grão de pimenta —, e eu me dispunha a conquistar esse imenso território da Terra e do Céu por meio de qualquer uma dessas fantasias feudais. Ela não poderia ser mais fantástica do que o próprio fato da conquista. Darei aqui apenas um exemplo de natureza ética para ilustrar meu argumento. Nunca pude unir-me ao murmúrio generalizado dessa geração revoltada contra a monogamia, porque nenhuma restrição quanto ao sexo me parecia tão estranha nem tão inesperada quanto o próprio sexo. Ter a permissão, como Endimião,[12] de acariciar a própria Lua e depois queixar-se de que Júpiter possui suas próprias luas num harém parecia-me (a mim, educado nos contos de fadas como o de Endimião) um anticlímax vulgar. Conformar-se

---

12 Pastor grego que, segundo a lenda, foi amado por Selene, deusa da Lua, a qual obteve de Júpiter que o seu amante conservasse a beleza num sono eterno, durante o qual ela vinha contemplá-lo e beijá-lo.

com uma só mulher é um preço baixíssimo perto do extraordinário fato de ver uma mulher. Reclamar de que só podemos nos casar uma vez seria como reclamar de ter nascido uma só vez. Isso não tinha o menor cabimento dada a tremenda maravilha de que se estava tratando. Parecia, não uma exagerada sensibilidade para com o sexo, mas sim uma curiosa insensibilidade. Seria um tolo o homem que reclamasse de não poder entrar no Éden por cinco portas ao mesmo tempo. A poligamia é uma falta de compreensão do sexo;

ela é como um homem que colhe cinco peras por mera distração. Os estetas tocaram os mais insanos limites da linguagem em seus elogios das coisas encantadoras. O cardo os fez chorar; um besouro brilhante os pôs de joelhos. Mas a sua emoção nunca me impressionou sequer por um instante, pela simples razão de que nunca lhes ocorreu a ideia de pagar pelo prazer que sentiam com nenhum sacrifício simbólico. Os homens — assim sentia eu — poderiam jejuar durante quarenta dias a fim de ouvir um melro cantar. Os homens poderiam passar através do fogo para encontrar uma prímula. Mas esses amantes da beleza seriam incapazes de se manter sóbrios para ver o melro. Não passariam por um matrimônio cristão ordinário para mostrar gratidão à prímula. É certo que podemos pagar uma alegria extraordinária com um ato ordinário de moral. Oscar Wilde dizia que um pôr do sol não tinha valor porque não se pode pagar por ele. Mas Oscar Wilde estava enganado; podemos pagar pelo pôr do sol. Podemos pagá-lo não sendo Oscar Wilde.

Muito bem, deixei os contos de fadas lá no chão do jardim de infância, e não encontrei nenhum livro tão sensível desde então. Deixei aquela babá guardiã da tradição e da democracia, e não encontrei nenhum tipo moderno tão sensatamente radical nem tão sensatamente conservador. Mas o fundamental é o seguinte: quando entrei pela primeira vez na atmosfera mental do mundo moderno, descobri que este se opunha positivamente em dois pontos à minha ama e aos seus contos de fadas. Levei muito tempo para concluir que o mundo moderno está errado e que minha babá estava certa. O mais curioso era o seguinte: o pensamento moderno contradizia o credo básico da minha infância em suas duas doutrinas mais essenciais. Já expliquei que os contos de fadas enraizaram em mim duas convicções. Primeira: que este mundo é um lugar extraordinário e admirável, que poderia ter sido muito diferente, mas que ainda assim é deslumbrante; segunda: que, diante de tal maravilha e de tal encanto, podemos muito bem ser modestos e submissos às mais bizarras limitações de tão bizarra benevolência. Mas encontrei todo o mundo moderno como uma imensa torrente opondo-se a esses meus dois pareceres; e o choque dessa colisão criou dois sentimentos súbitos e espontâneos, que tenho conservado desde então e que, de germes que eram, sedimentaram-se em convicções.

Primeiro, encontrei todo o mundo moderno falando de fatalismo científico; dizendo que todas as coisas são como sempre foram, desdobrando-se infalivelmente desde o princípio. A folha da árvore é verde porque não poderia ser de outra maneira. Ora, o filósofo da terra dos elfos alegra-se pelo verde da folha precisamente porque ela poderia ter sido escarlate. Para ele, é como se a folha tivesse ficado verde um instante antes de ele a ter visto. Ele fica contente porque a neve é branca exatamente pelo razoável motivo de que ela poderia ter sido preta. Toda cor tem em si mesma a nítida qualidade de uma escolha; o vermelho de um jardim de rosas não é só decidido, mas dramático, como um súbito derramamento de sangue. O filósofo sente que as coisas foram *feitas*. Mas os grandes deterministas do século xix opunham-se fortemente a esse sentimento natural de que alguma coisa tenha acontecido há apenas um instante. Segundo eles, com efeito, nada realmente aconteceu desde o começo do mundo. Nada aconteceu desde que a existência acontecera; e mesmo quanto à data em que isso se deu, não tinham certeza.

O mundo moderno que encontrei era bom para o calvinismo moderno, pela necessidade de que as coisas sejam como são. Mas, quando comecei a interrogá-los, descobri que não tinham nenhuma prova dessa inevitável repetição nas coisas, exceto o fato de que as coisas se repetiam. Ora, para mim a mera repetição tornava as coisas antes mais misteriosas do que mais racionais. Era como se, tendo visto na rua um nariz com uma forma esquisita, e tendo-o perdido de vista por qualquer motivo, voltasse depois a ver outros seis narizes com o mesmo espantoso formato. Num primeiro momento eu imaginaria tratar-se de alguma sociedade secreta local. Bem, um elefante de tromba era bizarro; mas... todos os elefantes com trombas? — parecia uma conspiração. Falo aqui apenas de uma impressão, e de uma impressão ao mesmo tempo obstinada e sutil. Mas a repetição na natureza parecia-me às vezes uma repetição exaltada, como a de um professor enfurecido dizendo a mesma coisa muitas e muitas vezes. A grama parecia acenar para mim com todos os seus dedos; as inumeráveis estrelas pareciam querer ser compreendidas. O sol acabaria fazendo com que eu o visse, caso se erguesse milhares de vezes. As recorrências do universo surgiam ao ritmo estonteante de um encantamento, e comecei a vislumbrar uma ideia.

Todo o altaneiro materialismo que domina o pensamento moderno apoia-se, em última análise, numa suposição — numa falsa suposição. Supõe-se que, se uma coisa se repete constantemente, ela provavelmente está morta; é a peça de um relógio. As pessoas acham que, se o universo fosse pessoal, ele deveria variar; que, se o

Sol fosse vivo, deveria dançar. Isto é uma falácia mesmo em relação a fatos conhecidos. A variação no mundo dos homens é geralmente produzida, não pela vida, mas pela morte: pelo enfraquecimento ou pela interrupção da sua força ou do seu desejo. Um homem varia os seus movimentos devido a algum tênue princípio de deficiência ou de fadiga. Entra num ônibus porque está cansado de andar; passeia porque está cansado de ficar parado. Mas se a sua vida e a sua alegria fossem tão imensas que ele nunca se cansasse de ir até Islington, podia ir até Islington com a mesma regularidade com que o Tâmisa vai para o Sheerness.[13] A própria velocidade e o êxtase de sua vida teriam a quietude da morte. O Sol se levanta todas as manhãs. Eu não me levanto todas as manhãs; porém a variação não se deve à minha atividade, mas à minha inação. Ora, para usar uma frase popular, pode ser que o Sol se levante regularmente porque nunca se cansa disso. Sua rotina

---

13 Islington é um barrio de Londres. Sheerness é uma cidade portuária onde o Rio Tâmisa desemboca.

pode provir, não de uma falta de vitalidade, mas de uma torrente de vida. O que quero dizer pode ser observado, por exemplo, nas crianças, quando descobrem um jogo ou uma brincadeira de que gostam muito. Uma criança balança ritmicamente as pernas devido a um excesso, e não a uma ausência de vida. As crianças têm uma vitalidade abundante, são impetuosas e livres de espírito, e portanto querem as coisas repetidas e inalteradas. Elas sempre dizem "de novo" — e o adulto faz de novo, até à exaustão. Os adultos não são suficientemente fortes para exultar na monotonia. Mas Deus, quem sabe, talvez seja suficientemente forte para exultar na monotonia. É possível que Deus diga ao Sol todas as manhãs: "de novo", e diga à Lua todas as noites: "de novo". Talvez não seja uma necessidade automática o que faz todas as margaridas iguais; pode ser que Deus faça cada margarida separadamente, e que nunca tenha se cansado de fazê-las. Pode ser que Ele tenha um eterno apetite de infância; pois nós pecamos e envelhecemos, e nosso Pai é mais jovem do que nós. A repetição na natureza pode não ser uma simples recorrência; pode ser um *bis* de teatro. O Céu pode ter pedido *bis* ao pássaro que pôs um ovo. Se o ser humano concebe e dá à luz um bebê humano em vez de dar à luz um peixe, ou um morcego, ou um grifo, pode ser que não seja por estarmos fixados a um destino animal sem vida ou sem propósito. Pode ser que a nossa pequena tragédia tenha impressionado os deuses, que eles a admirem lá do alto das suas galerias cintilantes, e que, ao final de cada drama humano, o homem seja chamado uma e outra vez à ribalta. E a repetição poderá continuar por milhares de anos, por pura escolha, e em qualquer instante poderá acabar. Os homens podem permanecer na Terra por gerações e gerações, e entretanto cada nascimento poderá muito bem ser a sua última apresentação.

Esta foi minha primeira convicção, gerada pelo choque entre minhas impressões infantis e o credo moderno. Tive sempre o vago sentimento de que os fatos são milagres no sentido de que são maravilhosos; então comecei a considerá-los milagres no estrito sentido de que eram *intencionais*. Isto quer dizer que eles eram, ou poderiam ser, atos repetidos de alguma vontade. Em suma, sempre acreditei que o mundo tinha alguma coisa de mágico; e então passei a pensar que ele talvez tenha alguma coisa a ver com um mágico. Isso originou uma profunda impressão sempre presente e subconsciente: a de que este nosso mundo tem um propósito; e, se há um propósito, há alguém. Sempre senti a vida sobretudo como uma história: e, se há uma história, há alguém que a conte.

Mas o pensamento moderno também feria minha segunda tradição humana. Ele contrariava a visão das fadas sobre limites e condições. A única coisa de que ele gostava de falar era de expansão e de amplitude. Herbert Spencer[14] teria ficado muito aborrecido se alguém o chamasse de imperialista, e contudo é uma grande pena que ninguém o tenha

---

14 Herbert Spencer (1820–1903), filósofo e sociólogo inglês, darwinista e fundador do Darwinismo Social.

feito. Pois ele era um imperialista do pior tipo. Foi ele quem popularizou a desprezível noção de que o tamanho do sistema solar deveria intimidar o dogma espiritual do homem. Por que deveria um homem renunciar à sua dignidade diante do sistema solar e não diante de uma baleia? Se o mero tamanho prova que o homem não é imagem de Deus, então uma baleia pode ser a imagem de Deus — uma imagem um tanto disforme, que poderíamos considerar como um retrato impressionista. É quase inútil argumentar que o homem é pequeno comparado ao cosmos; o homem sempre foi pequeno comparado à árvore mais próxima. Mas Herbert Spencer, em seu arrojado imperialismo, insistiria em que de alguma forma nós fomos conquistados e anexados pelo universo astronômico. Ele falava dos homens e de seus ideais exatamente como o mais insolente unionista fala sobre o irlandês e seus ideais.[15] Spencer transformou a humanidade

---

15 Membro do Partido Unionista inglês, que se formou em 1886 em oposição ao movimento pela autonomia da Irlanda.

numa pequena nacionalidade. E sua má influência pode ser observada entre os mais inflamados e honoráveis dos recentes autores científicos; principalmente nos primeiros romances de H. G. Wells.[16] Muitos moralistas exageram em uma representação da Terra como perversa. Mas Wells e a sua escola tornaram perverso o próprio Céu. Deveríamos levantar nossos olhos para as estrelas, de onde viria nossa ruína.

---

16 Herbert G. Wells (1866–1946), escritor pioneiro em textos de ficção científica.

Mas a expansão de que falo era muito mais perniciosa do que tudo isso. Já observei que o materialista, assim como o louco, está numa prisão; na prisão de um único pensamento. Essa gente parecia achar particularmente animador ficar repetindo que a prisão era bem grande. Mas o tamanho desse universo científico não nos trouxe nenhuma novidade, nenhum alívio. O cosmos continuaria sempre existindo, mas não havia nada nessa extraordinária constelação que fosse interessante de fato; nada, por exemplo, como o perdão ou o livre-arbítrio. A grandeza ou a infinitude do segredo desse cosmos nada lhe acrescentava. Era como dizer a um condenado da penitenciária de Reading que ele deveria alegrar-se em saber que agora o presídio se estendia por todo o país. O diretor do presídio não teria nada para mostrar a esse homem, exceto mais corredores de pedra bem compridos, iluminados por luzes fantasmagóricas e vazios de tudo que é humano. Assim também esses ampliadores do universo nada têm para nos mostrar, exceto mais e mais infinitos corredores de espaço iluminados por sóis fantasmagóricos e vazios de tudo aquilo que é divino.

Na terra dos elfos havia uma lei positiva; uma lei que podia ser desrespeitada, pois a lei é, por definição, algo que pode ser desrespeitado. Mas o maquinismo dessa prisão cósmica era algo que não podia ser desrespeitado; porque nós mesmos éramos apenas uma parte desse maquinismo. Ou éramos incapazes de fazer as coisas, ou estávamos condenados a fazê-las. A ideia da condição mística desaparecia inteiramente; não se podia ter nem a força para respeitar as leis, nem o gosto de infringi-las. A imensidão desse universo nada tinha desse frescor e dessa arejada insurreição que admiramos no universo do poeta. Esse universo moderno é literalmente um império; quer dizer, é vasto, mas não é livre. Caminha-se através de amplas e cada vez mais amplas salas sem janelas, salas grandes com uma perspectiva babilônica; mas jamais encontra-se nele a menor fenda ou fresta que se abra para fora.

Suas paralelas infernais pareciam expandir-se com a distância; mas, para mim, todas as coisas boas vão até certo ponto; as espadas, por exemplo. Assim, achando a ostentação do grande cosmos muito insatisfatória para o meu gosto, comecei a refletir um pouco; e logo descobri que essa atitude como um todo era bem mais superficial do que se esperaria. De acordo com essas pessoas, o cosmos era uma coisa — uma vez que tinha uma regra inviolável. Só que (diriam elas), uma vez que ele é uma coisa, ele é também a única coisa que existe. Por que então deveríamos ter a preocupação de chamá-lo grande? Não existe nada que se possa comparar com ele. Seria igualmente razoável dizer que é pequeno. Um homem pode dizer: "Gosto desse vasto cosmos, com a sua multidão de estrelas e com as suas mais diversas criaturas". Mas, se esse é o caso, por que não pode um homem dizer: "Gosto deste aconchegante pequeno cosmos, com o seu número exato de estrelas e com a justa provisão de criaturas que eu gostaria de ver"? Um teria tanta razão quanto o outro; em ambos os casos trata-se de meros sentimentos. É um mero sentimento regozijar-se porque o Sol é maior do que a Terra; e é um sentimento mais saudável regozijar-se porque o Sol tem o tamanho que tem. Um homem prefere emocionar-se com a grandeza do mundo; por que ele não poderia escolher emocionar-se com a sua pequenez?

Acontece que senti essa emoção. Quando alguém gosta de alguma coisa, passa a chamá-la com diminutivos, seja um elefante ou um oficial da Guarda Real. A razão é que, por maior que ela seja, se pode ser concebida como coisa inteira, pode ser concebida como coisa pequena. Se os bigodes de um militar não sugerissem uma espada, ou as presas de um animal não sugerissem uma cauda, então o objeto seria vasto, porque seria incomensurável. Mas, a partir do momento em que é possível imaginar um oficial da guarda, também é possível imaginar um que seja pequeno. Tão logo se vê, de fato, um elefante, pode-se chamá-lo de "elefantinho". Se é possível fazer a estátua de algo, pode-se fazer uma estatueta. Aquelas pessoas professavam que o universo é uma coisa coerente; mas não gostavam do universo. Eu, porém, gostava tremendamente do universo e queria tratá-lo por um diminutivo. E o fiz muitas vezes, e não me parece que ele tenha se incomodado. Em verdade, acho que esses confusos dogmas sobre a vitalidade seriam melhor expressos dizendo-se que o mundo é pequeno do que dizendo-se que é grande. Pois acerca da infinitude houve uma espécie de descuido, que era o reverso do ardente e piedoso cuidado que eu sentia em relação ao inestimável valor e ao risco da vida. Eles ostentavam somente um triste desperdício; mas eu sentia uma espécie de sagrada economia. Pois a economia é muito mais romântica do que a extravagância. Para eles, as estrelas eram uma imensa renda de poucos centavos; mas eu sentia-me em relação ao Sol dourado ou à prateada Lua como se sente o estudante que possui uma nota de cem reais na carteira.

Essas convicções subconscientes são melhor expressas pela cor e pelo tom de certos contos. Por isso eu disse que somente as histórias mágicas são capazes de expressar o meu sentimento de que a vida não é apenas um prazer, mas uma espécie de excêntrico privilégio. Posso expressar esse outro sentimento de aconchego cósmico com a alusão a outro livro sempre lido na infância, *Robinson Crusoé*, que li então e que deve a sua eterna vitalidade ao fato de celebrar a poesia dos limites, ou melhor, o extraordinário romance da prudência. Crusoé é um homem que se encontra numa pequena rocha com os poucos confortos que trouxe do mar, e o melhor do livro é justamente a lista das coisas que foram salvas do naufrágio. O maior dos poemas é um inventário. Cada simples utensílio de cozinha torna-se precioso porque Crusoé poderia tê-lo perdido no mar. É um bom exercício, nas horas vagas ou tristes do dia, olhar para alguma coisa — o balde de carvão ou a estante de livros — e pensar como seria feliz uma pessoa que conseguisse salvar esses objetos de um navio naufragando para a ilha deserta. Mas é um exercício ainda melhor lembrar-se de como todas as coisas escaparam por um fio de cabelo: todas as coisas foram salvas de um naufrágio. Todo homem passou por uma terrível aventura: se tivesse acontecido um recôndito aborto espontâneo, ele seria como uma daquelas crianças que nunca viram a luz. Na minha infância, os homens falavam com frequência sobre homens de gênio decaídos ou arruinados, e era comum classificarem muitos como um "Grande Poderia-Ter-Sido". Para mim, é um fato mais denso e mais impressionante que qualquer homem que encontro é um "Grande Poderia-Não-Ter-Sido".

Mas eu realmente sentia (a fantasia pode parecer tola) como se a ordem e o número das coisas fossem os românticos despojos do navio de Crusoé. O fato de haver dois sexos e um Sol era semelhante ao fato de haver duas armas e um machado. Era imperiosamente necessário que nenhuma dessas coisas se perdesse; mas também era engraçado que nenhuma outra poderia ser-lhes acrescentada. As árvores e os planetas pareciam-me coisas salvas de um naufrágio, e quando vi o Matterhorn fiquei feliz por ele não ter sido esquecido na confusão. Sentia-me econômico quanto às estrelas como se elas fossem safiras (assim são chamadas no *Paraíso* de Milton). Eu entesourava as montanhas. Pois o universo é uma joia única, e, embora seja natural falar que uma joia é incomparável e inestimável, em relação a essa joia isto é literalmente verdadeiro. Este cosmos não tem mesmo comparação nem preço, pois não pode haver outro.

Assim termina, com a inevitável insuficiência, a tentativa de expressar coisas inexprimíveis. Eis minhas atitudes últimas diante da vida; os solos onde germinam as sementes da doutrina. De um modo obscuro, senti essas coisas antes de poder pensar, e as pensei antes de poder escrevê-las; e, para que o que se segue transcorra com mais clareza, resumirei aqui, de maneira sumária, tais intuições primordiais. Eu senti, como se no meu próprio corpo: primeiro, que este mundo não se explica por si mesmo. Pode ser um milagre, que exija uma explicação sobrenatural; pode ser um truque de prestidigitação, para o qual caiba uma explicação natural. Mas, se se tratar de um truque, a explicação há de ser melhor do que as naturais que até hoje me foram dadas. Seja verdadeiro ou falso, é algo mágico. Em seguida, senti que a mágica deve ter um sentido, e que todo sentido pressupõe alguém que o queira expressar. Havia algo de pessoal no mundo, como há numa obra de arte; fosse qual fosse o seu sentido, ele era desejado violentamente. Depois, vi que esse propósito era belo em seu projeto inicial, apesar de suas imperfeições, como os dragões. Compreendi também que a forma adequada de gratidão por ele deveria incluir certa humildade e temperança: devemos agradecer a Deus pela cerveja e pelo Borgonha abstendo-nos de exagerar em seu consumo. Devíamos, além disso, obediência a seja lá o que for que nos criou. Por fim, e o mais estranho de tudo, formou-se em meu espírito uma impressão vaga e vasta de que, de algum modo, todo o bem que há no mundo sobrevive como um vestígio a ser guardado com reverência, salvo de uma ruína primordial. O homem guardou o que havia de bom como Robinson Crusoé salvou seus pertences: preservou-os de um naufrágio. Tudo isso eu senti, e minha época não me ofereceu estímulo algum para que assim o sentisse. E, durante todo esse tempo, eu sequer havia pensado na teologia cristã...

APÊNDICE

O SENTIDO DOS SONHOS

— publicado no *Daily News*,
15 de novembro de 1901

Na primeira parte da era vitoriana, quando o racionalismo estava no auge e ainda conservava vestígios de racionalidade, o fenômeno dos sonhos era amplamente associado ao fenômeno da religião. Naqueles dias, os céticos jocosos diziam, com orgulho, que quase todas as grandes igrejas e credos relevantes da humanidade poderiam ser rastreados até uma origem tão rudimentar e óbvia quanto os sonhos. Hoje talvez a nossa tendência seja perguntar se esses credos poderiam ser investigados até uma origem mais misteriosa ou mais sublime. Pois a verdade é que sempre haverá religiões enquanto certos fatos primordiais da vida permanecerem inexplicáveis, e portanto, religiosos. Coisas como o nascimento, a morte e os sonhos são ao mesmo tempo tão inacessíveis e tão inquietantes que pedir que o homem as deixe de lado, que não tenha esperança ou teoria alguma a seu respeito, é como pedir-lhe que não olhe para um cometa ou que não tente solucionar uma charada. Em torno dessas charadas elementares gira — assim sempre será — a hipótese humana. Mesmo num império de ateus, os mortos continuam sendo sagrados. A sepultura, como campo arado, dá incontáveis colheitas de credos e mitologias. Se adotarmos a teoria moderna — e excessivamente comum — de que a história do homem se iniciou com a publicação de *A origem do homem*,[1]

---

1 *The Descent of Man* (1871), livro de Charles Darwin.

talvez possamos tratar essa tendência como mera superstição. Mas, se tivermos uma visão ampla e lúcida da grande história da humanidade, seremos forçados a concluir que nada é tão natural quanto o sobrenaturalismo.

Como disse, essa sacralidade é universalmente atribuída ao homem morto. É curioso e divertido que mesmo os materialistas, que creem que a morte nada faz senão transformar um companheiro em lixo, só comecem a reverenciá-lo no momento exato em que ele se torna lixo. Ora, por um paralelo muito preciso — aquele mesmo consagrado pelo velho provérbio grego acerca da Morte e seu irmão —[2], os homens chegaram à conclusão de que parte dessa sacralidade do homem morto pertence também ao homem adormecido. E isso tem um sentido real. O maior ato de fé que um homem pode realizar é aquele que realizamos toda noite. Abandonamos nossa identidade; entregamos corpo e alma ao caos e à noite ancestral. Desfazemo-nos,

---

2 O irmão gêmeo da Morte (*Thanatos*) era, na mitologia, o Sono (*Hypnos*).

como se ao fim do mundo; para todos os efeitos práticos, tornamo-nos homens mortos — na firme e certa esperança de uma gloriosa ressurreição. Depois disso, é vão chamarmo-nos pessimistas, se temos tal confiança nas leis da natureza, se as deixamos montar guarda, armadas e onipotentes, sobre nosso berço. É vão dizer que julgamos maligno o poder supremo, se a cada doze horas entregamos nossa alma e corpo a Deus, sem qualquer garantia. Eis a santidade essencial do sono — e a razão sólida e suficiente por que todas as tribos e épocas encontram, nele e em seus fenômenos, matéria para especulação religiosa. Nesse transe súbito e assombroso a que chamamos sono, somos carregados sem escolha ou vontade, e nos são mostradas paisagens prodigiosas, incidentes sensacionais, fragmentos de histórias apenas parcialmente decifráveis. Ao longo dos séculos, foram muitos os credos e teorias que os homens desenvolveram sobre esse fato. E pode-se dizer com certeza que seriam grandes tolos se não o tivessem feito.

Há muito de belo nos sonhos, muito de alegre, e mesmo de triunfante. Mas, tanto na alegria quanto na tristeza, há neles um elemento peculiar de frustração e insegurança. Encontramos maravilhas na terra dos sonhos — coisas às vezes mais preciosas e esplêndidas do que quaisquer outras feitas sob o sol. Mas a única coisa que jamais encontramos é aquilo que estávamos procurando. Um estranho e eterno fio de *pathos* atravessa os sonhos, e provém do próprio tear da vida. Os sonhos são, se assim posso dizer, como a vida — só que mais. São, como a vida, cheios de nobreza e alegria — mas uma nobreza e alegria totalmente arbitrárias e incalculáveis. Temos gratidão, mas nunca certeza.

É claro que uma visão absolutamente exata dos sonhos não existe. Pois os sonhos são funções da alma — e a alma é a única coisa que não podemos estudar devidamente, pois é, ao mesmo tempo, sujeito e objeto do estudo. Podemos analisar um besouro olhando através de um microscópio, mas não podemos analisá-lo olhando através de um besouro. Ainda assim, embora no fim das contas a descoberta da verdade sobre os sonhos seja tão impossível quanto toda a ciência da psicologia, é possível chegar a certas leis gerais que estão na base do mundo onírico.

Um dos elementos mais disseminados e fundamentais nesse mundo dos sonhos, segundo me parece, é a separação entre a aparência própria de uma coisa e as emoções próprias de outra. Na vida real, nos assustamos com cobras e nos enfeitamos com flores. Nos sonhos, é totalmente plausível que tenhamos medo das flores e nos enfeitemos com víboras. Nos sonhos, nos deparamos com violetas nauseantes, esgotos perfumados, sapos belos, estrelas horríveis, uma magnífica rua com três postes, um terrível mastro com um trapo branco. É comum atribuirmos qualidades emocionais às coisas que acontecem nos sonhos — como tomamos uma sequência de palavras idiotas por sublime poesia, ou permitimos que um encadeamento de eventos insignificantes desaguem em paixões indizíveis. O ponto-chave, ao que me parece, é que tudo isso simplesmente faz concluir que os sonhos revelam uma verdade elementar: o essencial está no espírito das coisas, no que há nelas — e não em sua forma material. Forças espirituais, espalhadas pelo mundo, apenas se disfarçam sob formas materiais. Uma boa força disfarça-se de rosa em flor; uma força ruim disfarça-se de ataque de catapora. Porém, no mundo da especulação subconsciente — onde todos os ornamentos superficiais se estilhaçam e apenas o essencial permanece intacto —, tudo, exceto o significado último, se altera. Em seu feriado noturno, as forças espirituais trocam de chapéu — como namorados num piquenique de domingo.

O escandaloso mundo às avessas dos sonhos pode ser suficientemente representado ao dizer que anjo e demônio trocam de chapéu — ou, para ser mais preciso, de cabeça. Num sonho, amamos a peste e odiamos o nascer do sol. Demolimos templos e adoramos o lodo. Toda explicação está na ideia de que há algo místico e indefinido por trás de tudo o que amamos e odiamos — algo que nos faz amar e odiar. Os metafísicos da Idade Média — muito mais sensatos do que a fama que têm hoje — tinham uma teoria segundo a qual cada objeto era composto de duas partes: acidentes e substância. Um porco não era apenas gordo e quadrúpede, e roncador, e pertencente a certa ordem zoológica, e róseo, e sagaz, e ridículo — além de tudo isso, era um porco. Os sonhos oferecem grande apoio a essa concepção: algo pode ter a substância de um porco, conservando todas as aparências externas de um bacalhau cozido. Os doutores medievais, naturalmente, aplicavam esse princípio de modo ainda mais enfático à doutrina da Transubstanciação, sustentando que uma coisa poderia, nos acidentes, ser pão — e, em sua substância, divina. Seja razoável ou não que um homem acordado adore uma hóstia de pão, é certíssimo que um homem sonhando adoraria uma hóstia de pão — um par de botas, um saco de batatas, um litro de óleo de rícino. Tudo depende do disfarce que o mais alto poder espiritual escolheu para se manifestar — o disfarce em que o Rei decidiu viajar.

Direção geral
Renata Ferlin Sugai

Direção de aquisição
Hugo Langone

Direção editorial
Felipe Denardi

Produção editorial
Juliana Amato
Gabriela Haeitmann
Karine Santos
Ronaldo Vasconcelos

Capa & diagramação
Karine Santos

ESTE LIVRO ACABOU DE SE IMPRIMIR
A 25 DE MARÇO DE 2025,
EM PAPEL OFFSET 75 g/m².

OMNIA IN BONUM